促进工作场所性别平等指导手册

（2025版）

中华全国总工会◎编著

中国工人出版社

·目　录·

4 部分 如何促进工作中各环节的性别平等

第 5 部分 促进工作场所性别平等检查清单

第1部分

指导手册使用说明

一 促进工作场所性别平等的意义

> 促进经济社会可持续健康发展。

> 促进社会公平正义。

> 促进构建和谐劳动关系。

> 促进全社会尊重女性生育劳动价值，建设生育友好型社会。

> 促进提高就业质量，充分利用劳动力价值。

为什么应消除工作场所性别歧视，促进性别平等（以企业为例）

> 企业应履行的法律义务。

> 企业应承担的社会责任。

> 企业实施性别歧视将承担法律责任。

> 工作场所性别歧视会造成企业人才流失。

> 工作场所性别歧视会影响企业声誉和持续

发展。

> 工作场所性别歧视，不符合国际企业社会责任标准的要求，会降低企业在国际贸易中的机会和竞争力。

为什么促进性别平等造就优秀企业

> 提高企业生产率和竞争力。

> 优化人力资源的利用。

> 提高企业声誉、增强企业吸引和留住人才的能力。

> 提高职工的幸福感、满意度、责任感和工作积极性。

> 激发职工更大的创造力、创新性和开放性。

> 构建和谐劳动关系，减少劳动争议。

> 降低诉讼风险。

二 制定指导手册的依据和目的

《促进工作场所性别平等指导手册》（以下简称《指导手册》）是依据我国有关法律法规和已经批准的相关国际公约而制定，旨在推动用人单位落实法律法规规定，承担社会责任，建立健全工作场所性别平等制度机制，为工会组织促进工作场所性别平等和职工依法维护自身权益提供帮助和指导。不同行业、不同类型的用人单位可根据行业特点和本单位实际，细化手册内容，积极推行使用。

三 指导手册的结构和内容

1 指导手册使用说明

介绍促进工作场所性别平等的意义，制定指

导手册的依据和目的，指导手册的主要内容和使用对象。

② 工作场所性别平等的基本概念

解读性别平等、工作场所性别平等和性别歧视等概念。

③ 促进工作场所性别平等的制度机制

介绍用人单位制定和实施性别平等措施的步骤，性别平等应纳入用人单位哪些制度，工会组织在促进用人单位性别平等机制建设中的作用等。

④ 促进工作中各环节的性别平等

介绍就业机会平等、职业发展机会平等、薪酬待遇平等、生育保护、为职工平衡工作和家庭责任提供支持、预防和制止职场暴力和性骚扰六个环节，每个环节包括法律规定、法律解读、推进制度措施、实践案例分析等。

⑤ 促进工作场所性别平等检查清单

提供基础检查清单和各环节检查清单，便于用人单位自查和工会监督。

6 附录

提供我国性别平等相关法律法规和已批准的相关国际公约，性别平等及女职工权益保护知识竞赛题目。

四 指导手册的使用对象

1 用人单位

- 了解消除性别歧视方面的法律法规规定，履行法律义务。
- 建立性别平等机制。
- 进行性别平等状况自查。

2 工会

- 促进用人单位建立性别平等机制。

- 监督用人单位性别平等状况。
- 加强工会组织促进性别平等的能力建设。
- 开展性别平等宣传倡导和培训。
- 维护职工性别平等权益，构建和谐劳动关系。

3 职工

- 了解相关法律法规。
- 了解用人单位应履行的法律义务和社会责任。
- 了解自身权益。
- 参与、促进、监督用人单位性别平等工作。

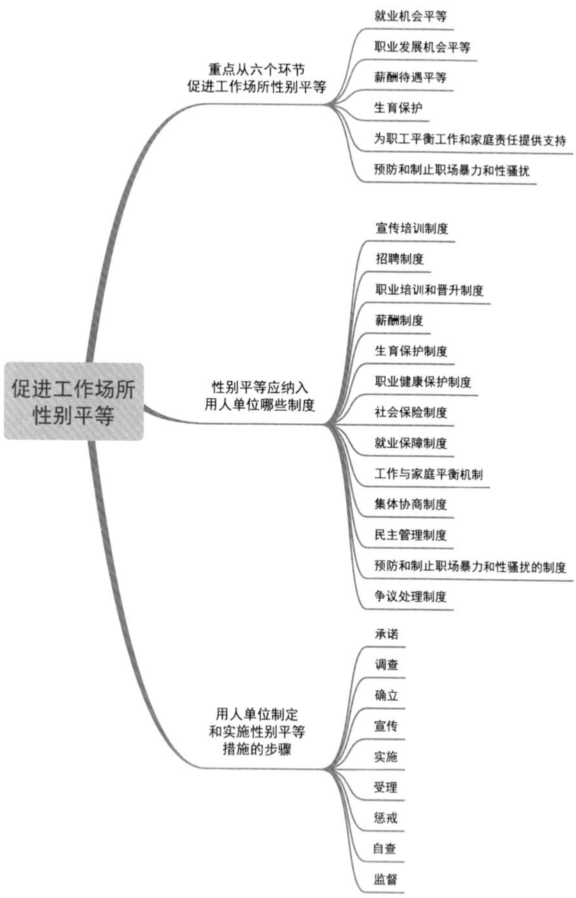
促进工作场所性别平等
重点从六个环节促进工作场所性别平等
就业机会平等
职业发展机会平等
薪酬待遇平等
生育保护
为职工平衡工作和家庭责任提供支持
预防和制止职场暴力和性骚扰
性别平等应纳入用人单位哪些制度
宣传培训制度
招聘制度
职业培训和晋升制度
薪酬制度
生育保护制度
职业健康保护制度
社会保险制度
就业保障制度
工作与家庭平衡机制
集体协商制度
民主管理制度
预防和制止职场暴力和性骚扰的制度
争议处理制度
用人单位制定和实施性别平等措施的步骤
承诺
调查
确立
宣传
实施
受理
惩戒
自查
监督

第2部分

工作场所性别平等的基本概念

一 性别平等

性别平等是指在各个年龄阶段和各个工作生活阶段中男女享有平等的机会、权利和待遇。所有人都可以自由地发展个人能力和作出选择，不受有关性别角色或男女性别特点的成见和偏见约束。

二 工作场所性别平等

工作场所性别平等是指男女职工享有平等的工作机会和待遇，从事同等价值的工作获得同等报酬，公平享有安全健康的工作环境和生育保护，平等参与集体协商，平等获得职业发展机会，以及获得平衡工作和家庭的支持等。工作场所性别平等是保障人权、促进社会公正和可持续发展的关键。

工作场所性别平等主要包括：

> 就业机会平等：确保劳动者能获得平等的机会去充分发挥自己的潜能。在招聘和录用过程中使用无歧视的筛选与测试标准；在工作分配、转岗、调配、降职及裁员、解雇等方面，基于职工行为、能力或是否适合履行其工作职责等合理原因决定，而不是基于性别进行差别对待。

> 职业发展机会平等：根据个人能力、经验和勤勉程度等，给予男女职工平等获得培训及晋升的权利和机会。

> 薪酬待遇平等：基于工作表现和业绩，确保男女职工同等价值工作同等报酬。

> 生育保护：在孕期、产期、哺乳期提供充足的生育保障，包括产假、生育医疗待遇、特殊劳动保护、就业保护（不得因怀孕、生育、哺乳而减薪或解雇等）以及为返岗后母乳喂养提供支持等。

> 为职工平衡工作和家庭责任提供支持：帮助男女职工平衡工作和家庭，共同承担家庭责任。

> 预防和制止职场暴力和性骚扰：营造没有暴力和性骚扰的安全、平等的工作环境。

三 工作场所性别歧视

工作场所性别歧视是指用人单位基于劳动者的性别、婚育状况，在招聘、录用、工作岗位安排、工资福利、培训、晋升、工作时间、工作条件、社会保障、解除或终止劳动关系等方面区别对待，损害劳动者平等的权利、机会、待遇的行为。

1 工作场所性别歧视包括直接歧视和间接歧视

> 直接歧视是指直接对男女职工造成的不平等对待。比如，在不是真正的岗位需要的情况下，用人单位在招聘中对求职者的性别进行限制性要求属于直接歧视。

> 间接歧视是指某些规定和做法看似中立，但实际上却导致对某一性别人群的不平等待遇。比如，要求求职者身高必须在 1.70 米以上，但是并非只有身高 1.70 米以上的人才能胜任这项工作，这种招聘要求虽然未说明不招聘女性，但是实际上把大部分女性排除在外，这就可能构成间接歧视。

下列情形不构成歧视：

> 基于工作实际和真实的需要而采取的特别措施不构成歧视，比如，为男女浴室分别雇用各自性别的服务员。

> 根据特殊情况保护特定劳动者群体，比如，对孕期、哺乳期女职工或者有家庭责任的职工的保护和支持。

> 通过积极行动和措施达到实质平等。包括采取暂行特别措施，消除各种歧视的影响，达到实质的机会和待遇平等，为代表性不足的群体搭建公平的竞争平台。鉴于现实中的性别歧视大多侵害女性权益，本手册在推进性别平等机制建设的具体指导中，在一些环节有针对性地提出对女职工的支持措施。

2 工作各阶段中可能出现的性别歧视

> 招聘阶段：比如，因为性别获得较少的工作信息、职业指导、工作机会或较低的入职工资等。

> 工作阶段：比如，因为性别获得较少的职业发展机会、薪酬和福利待遇，未能获得法律规定的生育保护和社会保障，遭受职场暴力和性骚扰等。

> 离职阶段：比如，在裁员、解雇等方面因性别遭受差别待遇。

第3部分

>>>>>>>>>　　>>>>>>>>>

促进工作场所性别平等的制度机制

一 用人单位制定和实施性别平等措施的步骤

> 承诺：领导层承诺在所有的人力资源活动和经营管理中遵守性别平等原则；建立完善促进性别平等制度，其中明确界定性别歧视，对性别歧视的行为进行列举，保证严惩性别歧视行为。

> 调查：全面调查本单位性别平等状况，是否存在性别歧视问题。比如，设立分性别统计制度，调查现有人力资源制度和措施以及职工性别构成等。

> 确立：确立性别平等工作目标，制定推动性别平等的策略和具体方案，把促进性别平等纳入核心管理制度与实践中；对人力资源管理制度进行审查，删除其中的歧视性规定，并确定哪些领域需要进一步推动性别平等；确立具体部门和人员牵头负责处理本单位性别平等事宜，明确高层管理人员负责组织性别平等制度的制定、实施和过程监管。

> 宣传：建设性别平等的企业文化，建立面向管理者和职工的宣传倡导和培训制度，通过线上线

下多渠道发布，使管理者和职工了解本单位性别平等制度的内容。

> 实施：实施性别平等方案和反歧视制度措施。

> 受理：建立健全性别歧视问题投诉受理制度，帮助受歧视人或利害关系人知晓投诉受理渠道和程序；确保职工通过保密方式对性别歧视行为进行投诉；采取措施确保提出投诉的职工不受纪律惩戒和报复；建立完善对投诉的记录、解决及跟进的各项程序。

> 惩戒：建立健全性别歧视处置惩戒制度措施，并确保制度措施的有效执行。

> 自查：监测性别平等方案实施情况，将实施的进展和面临的问题及时与有关各方沟通，并有针对性地提出改进方案和措施。

> 监督：建立工会及职工评议、监督制度；明确工会参与、监督的权利和职责，保证男女职工享有平等的知情权、参与权、表达权和监督权。

二 性别平等应纳入用人单位哪些制度

> 宣传培训制度：为管理者、职工和工会代表提供性别平等方面的培训，保证管理者和职工熟知性别平等制度。

> 招聘制度：招聘和聘用决定应基于求职者的资质和岗位要求，如果某一工作岗位有特定的性别要求，必须有合理解释。

> 职业培训和晋升制度：公开宣传所有培训及晋升信息，并鼓励女职工申请。培训应该考虑到男女职工的不同需求，并方便有家庭责任的职工参加。采用公正客观的绩效评估体系来衡量职工的工作表现，确保评估和晋升都是在能力和绩效的基础上作出。

> 薪酬制度：工资福利分配应根据工作的价值以及职工的表现、资历和贡献而定，不得因性别而差别对待。通过分性别统计，判断男女职工是否存在工资差异，找出潜在的歧视问题。

> 生育保护制度：依法提供生育保护，不得因

怀孕、生育、哺乳而将女职工转岗、减薪或解雇。

> 职业健康保护制度：建立女职工劳动保护制度，减少和解决女职工在劳动中因生理特点造成的特殊困难，防止职业因素对女职工生殖健康的影响。注重人文关怀和心理疏导，促进职工心理健康。

> 社会保险制度：依法为男女职工缴纳社会保险，为职工公平享受各项社会保险待遇提供帮助和支持。

> 就业保障制度：在入职、转岗和裁员、解雇等离职及退休待遇方面不得因性别差别对待。

> 工作与家庭平衡机制：适当调整工作时间和工作形式，如弹性工作制，以便男女职工平衡工作和家庭。根据职工需求提供托育服务。

> 集体协商制度：将促进性别平等纳入集体协商议题、集体合同及女职工权益保护专项集体合同条款。集体协商中保证女职工代表参与，将涉及女职工权益保护的相关条款纳入合同当中，并监督相关条款的执行。

> 民主管理制度：将促进落实性别平等纳入民主管理内容，保障职工代表大会男女代表的比例与单位男女职工的比例相适应，将性别平等相关制度

提交职工代表大会审议通过并监督执行。定期开展职工满意度调查，评议、监督相关制度的执行。

> 预防和制止职场暴力和性骚扰的制度：建立合理的预防、投诉、处置等制度措施，预防和制止职场暴力和性骚扰。

> 争议处理制度：明确争议处理机构和职责，确保职工知晓申诉及处理程序。确保相关问题得到有效解决，投诉歧视的职工不受打击报复。

三 工会在促进用人单位性别平等机制建设中的作用

工会要积极参与到用人单位促进性别平等各项制度机制的制定、实施和监督中。

1 加强源头参与

· 工会应积极推动和参与国家性别平等法律政策的制定，推动出台促进性别平等政策措施，推进用人单位建立性别平等机制。监督用人单位在人力资源制度和实践中坚持性别平等原则，督促用人单位制定促进性别平等目标及实施方案，为加强性别平等机制建设配备资金和人员，协助用人单位建立评估、自查体系，建立性别歧视争议处理机制。

2 充分发挥集体协商在促进性别平等工作中的作用

· 工会应广泛征求职工意见，在确定协商议题、推举协商代表等方面充分考虑两性需求，确保女职工的参与度和代表性。将职业发展、同工同酬、社会保险、工作和家庭责任平衡措施、预防和制止职场暴力和性骚扰等内容纳入集体合同和女职工权益保护专项集体合同条款，确保男女职工享有平等的机会和待遇。

3 建立和完善民主管理制度

· 确保职代会中有适当比例的女职工代表，将促进性别平等纳入民主管理内容，将落实性别平等相关制度提交职工代表大会审议通过并监督执行。

4 充分发挥工会女职工委员会在促进性别平等中的作用

· 充分发挥工会女职工委员会职能，积极参与和监督本单位性别平等工作，及时发现、反映、督促解决女职工遭受性别歧视的问题。

5 进行性别平等宣传和能力建设

· 提高工会干部自身促进性别平等的能力。积极借助专业力量，协助用人单位面向管理者及职工开展宣传、咨询、培训，在企业经营管理和人力资源管理等实际工作中对具体实施性别平等提供指导、服务和监督。

6 开展调查研究，进行分性别统计

· 为促进性别平等、避免性别歧视，工会应对用人单位性别平等状况进行调查研究，定期收集、按性别分类分析信息，针对发现的问题提出改进措施。比如，调查分析各类培训中男女职工参与比例，统计本单位中从事不同职位工作职工的性别构成。

㊃ 充分发挥集体协商促进工作场所性别平等的重要作用

将促进性别平等纳入集体协商制度的各个阶段。

> 代表组成：协商代表组成应充分考虑男女职工性别比例。

> 协商准备：熟悉性别平等相关法律法规。调查了解本单位性别平等实际情况，进行分性别统计，分析存在的性别歧视问题，充分征求男女职工意见，研究确定协商议题和议程。协商议题应根据调查情况确定，可包括就业机会、职业发展、薪酬待遇、生育保护、为职工平衡工作和家庭责任提供支持以及预防和制止职场暴力和性骚扰等内容。

> 开展协商：发出协商要约，召开协商会议。起草促进性别平等、消除性别歧视条款，纳入集体合同和女职工权益保护专项集体合同。

> 审议签约：职工（代表）大会代表中应有适当比例的女职工代表，职工（代表）大会审议通过包括促进性别平等相关条款的集体合同及女职工权益保护专项集体合同，由用人单位和工会双方首席

代表签订。

> 履约监督：用人单位应对集体合同及女职工权益保护专项集体合同促进性别平等规定条款履行情况进行检查。工会和工会女职工委员会应组织职工代表开展监督检查，对履约情况进行评议，对履约不到位情形提出整改建议，督促合同履约执行。

第4部分

如何促进工作中各环节的性别平等

一 就业机会平等

1 法律规定

《中华人民共和国妇女权益保障法》

第二条 男女平等是国家的基本国策。妇女在政治的、经济的、文化的、社会的和家庭的生活等各方面享有同男子平等的权利。

国家采取必要措施，促进男女平等，消除对妇女一切形式的歧视，禁止排斥、限制妇女依法享有和行使各项权益。

国家保护妇女依法享有的特殊权益。

第四十一条 国家保障妇女享有与男子平等的劳动权利和社会保障权利。

第四十二条 各级人民政府和有关部门应当完善就业保障政策措施，防止和纠正就业性别歧视，为妇女创造公平的就业创业环境，为就业困难的妇女提供必要的扶持和援助。

第四十三条 用人单位在招录（聘）过程中，除国家另有规定外，不得实施下列行为：

（一）限定为男性或者规定男性优先；

（二）除个人基本信息外，进一步询问或者调查女性求职者的婚育情况；

（三）将妊娠测试作为入职体检项目；

（四）将限制结婚、生育或者婚姻、生育状况作为录（聘）用条件；

（五）其他以性别为由拒绝录（聘）用妇女或者差别化地提高对妇女录（聘）用标准的行为。

第四十四条　用人单位在录（聘）用女职工时，应当依法与其签订劳动（聘用）合同或者服务协议，劳动（聘用）合同或者服务协议中应当具备女职工特殊保护条款，并不得规定限制女职工结婚、生育等内容。

职工一方与用人单位订立的集体合同中应当包含男女平等和女职工权益保护相关内容，也可以就相关内容制定专章、附件或者单独订立女职工权益保护专项集体合同。

第四十八条　用人单位不得因结婚、怀孕、产假、哺乳等情形，降低女职工的工资和福利待遇，限制女职工晋职、晋级、评聘专业技术职称和职务，辞退女职工，单方解除劳动（聘用）合同或者服务协议。

女职工在怀孕以及依法享受产假期间，劳动（聘用）合同或者服务协议期满的，劳动（聘用）合同或者服务协议期限自动延续至产假结束。但是，用人单位依法解除、终止劳动（聘用）合同、服务协议，或者女职工依法要求解除、终止劳动（聘用）合同、服务协议的除外。

用人单位在执行国家退休制度时，不得以性别为由歧视妇女。

《中华人民共和国劳动法》

第三条　劳动者享有平等就业和选择职业的权利、取得劳动报酬的权利、休息休假的权利、获得劳动安全卫生保护的权利、接受职业技能培训的权利、享受社会保险和福利的权利、提请劳动争议处理的权利以及法律规定的其他劳动权利。

劳动者应当完成劳动任务，提高职业技能，执行劳动安全卫生规程，遵守劳动纪律和职业道德。

第十二条　劳动者就业，不因民族、种族、性别、宗教信仰不同而受歧视。

第十三条　妇女享有与男子平等的就业权利。在录用职工时，除国家规定的不适合妇女的工种或者岗位外，不得以性别为由拒绝录用妇女或者提高对妇女的录用标准。

《中华人民共和国就业促进法》

第三条　劳动者依法享有平等就业和自主择业的权利。

劳动者就业，不因民族、种族、性别、宗教信仰等不同而受歧视。

第二十六条　用人单位招用人员、职业中介机构从事职业中介活动，应当向劳动者提供平等的就业机会和公平的就业条件，不得实施就业歧视。

第二十七条　国家保障妇女享有与男子平等的劳动权利。

用人单位招用人员，除国家规定的不适合妇女的工种或者岗位外，不得以性别为由拒绝录用妇女或者提高对妇女的录用标准。

用人单位录用女职工，不得在劳动合同中规定限制女职工结婚、生育的内容。

《中华人民共和国广告法》

第九条　广告不得有下列情形：

……

（九）含有民族、种族、宗教、性别歧视的

内容；

……

《人力资源市场暂行条例》

第二十四条 用人单位发布或者向人力资源服务机构提供的单位基本情况、招聘人数、招聘条件、工作内容、工作地点、基本劳动报酬等招聘信息，应当真实、合法，不得含有民族、种族、性别、宗教信仰等方面的歧视性内容。

用人单位自主招用人员，需要建立劳动关系的，应当依法与劳动者订立劳动合同，并按照国家有关规定办理社会保险等相关手续。

2 法律解读

什么是就业机会平等

就业机会平等是指用人单位在发布招聘广告、面试、录用、工作安排以及劳动合同解除等方面平等地对待劳动者，不得基于性别、婚育状况对男女劳动者进行不合理的差别对待。

③ 用人单位哪些行为可能涉嫌性别歧视，造成就业机会不平等

> 使用性别歧视的语言或图像对工作岗位进行描述。

> 除国家规定的不适合女性的工种或者岗位外，招聘信息显示限男性、适合男性或男性优先，或者提高对女性求职者的要求。

> 拒收或者不看某一性别求职者简历。

> 同等条件下，限制某一性别求职者笔试、面试或者复试机会。

> 询问求职者婚姻状况、子女状况或婚育计划。

> 通过获取配偶工作、孩子入园、孩子们相处情况等，判断求职者的婚育状况。

> 口头或者在劳动合同中规定限制职工结婚、生育的内容。

> 将妊娠测试包含在常规体检中，将妊娠测试或者避孕措施作为雇用或者续约的条件。

> 在解聘、裁员等离职方面和工作安排上对男女职工差别对待。

④ 用人单位应采取哪些措施保障男女职工享有平等的就业机会

> 了解并执行禁止性别歧视、保障男女平等就业机会的法律法规，并通过规章制度加以落实。

> 对人力资源管理部门及招聘人员进行性别平等议题的培训，确保招聘中的公平性。

> 招聘广告应保证岗位描述的客观性，包括对应聘者资历、技能、学历等方面的要求，这些具体的招聘条件应与工作岗位要求相关，且对所有申请人一律适用。

> 招聘广告应该通过男女均有机会获得相关信息的渠道，让尽可能多的求职者知晓。

> 工作申请表中，只询问与工作要求直接相关的信息，如工作经验、技能、教育水平、相关专业资质等。

> 给符合招聘条件的求职者提供平等的面试机会，对每个求职者提出相同或者类似的问题。

> 组成面试小组，面试小组成员尽可能达到性别平衡。

> 如果招聘的职位需要经常加班、出差等，面试官应将所有关于工作要求的细节告知应聘者，询

问其是否能够胜任工作，不应根据求职者的性别或者通过询问婚姻状况或家庭责任等问题作出假设性推断。

> 面试小组应以统一的标准对每位应聘者的能力进行评价，核定其是否符合各项标准，以此保证过程的公平性及对应聘者作出系统且公正的评价。

> 面试记录应该完整保存，以备查阅。

> 建立面试结果评议制度，组织包括工会和职工代表在内的相关各方对面试结果进行评议，并将拟录用人员信息进行公示。

> 在工作安排和调配方面，不应受性别固有印象的影响，应打破传统性别职业分工。

> 在解雇、裁员等离职方面给予男女职工平等对待。

· 解雇职工的决定应基于其不佳表现或不端行为的记录；

· 当用人单位面临经营困难等原因需要裁员时，裁员的相关规定、程序和做法都应确保公平；

· 在裁员和选择被裁人员的标准上，用人单位应与工会组织和直接相关的职工代表进行协商；

· 不应制定造成男女职工不平等享有工作机会

的内退制度。

> 用人单位应建立争议处理制度来解决就业机会歧视问题，并确保职工了解处理程序。

> 工会应积极参与并监督用人单位保障和促进就业机会平等。

5 实践案例分析

案例 1

某数据公司员工手册中明确规定："公司吸收不同背景的优秀人才充实公司力量，对所有具备条件的应聘人员提供平等的就业机会，不因民族、种族、肤色、国籍、性别、年龄、宗教信仰、身体残疾以及其他法律法规禁止的原因而歧视应聘者"，"公司实行平等就业机会政策，职位的甄选将完全以应聘者能力、表现、潜质及与岗位的匹配性为原则，与民族、种族、肤色、国籍、籍贯、性别、年龄、宗教信仰、身体残疾以及其他法律法规禁止的因素无关"。

| **点评** | 在员工手册中明确规定平等与非歧视原则是重要的一步，但这仅仅是个开始。用人单位关于性别平等的规章制度不仅停留于宣告式的表态，还需要有进一步具体的规定和措施。比如，对招聘面试人员进行培训，招聘广告中不得包含歧视性的要求，保证面试小组性别相对均衡，面试中不得询问与职位无关的问题，不得基于性别差异对劳动者进行不合理的差别对待，对招聘结果进行公示，以保障劳动者的平等就业机会。

案例 2

某公司欲招聘一名销售人员，如何撰写一则不含性别歧视内容的招聘广告？

歧视性的招聘广告

· 年龄 25~35 岁，身高在 1.70 米以上

· 身体健康，能加班，限男性

· 无家庭负担，可以住宿舍

· 超过 3 年的安全驾驶经验，B 本，熟悉北京的道路，安全驾驶意识强

推荐的招聘广告

· 职务描述：

销售助理，需要奔波在全国各地；能适应灵活的工作时间；每月有 10~15 天在外地出差

· 工作要求：

驾驶本 B 本，安全驾驶意识强，3 年以上安全驾驶经验

承受长期在外以及经常加班带来的压力

熟悉北京地区路况

品格端正，具有较强的职业操守

| **点评** | 法律禁止招聘中的歧视行为，强调招聘条件必须客观，并反映岗位实际内容和需要。用人单位可以对某个职位所需的技术、资格和能力，努力程度、责任心和工作条件等设置要求和标准，并

可以选择最合适且能够胜任这一工作的申请人。用人单位不应根据求职者与工作无关的个人特征进行假设，并根据假设将申请人拒之门外，如此即为违反国家法律的歧视行为。

2018 年 12 月，最高人民法院在《民事案件案由规定》中增加了“平等就业权纠纷”这一新的案由。用人单位侵犯劳动者平等就业权，劳动者可以根据这一案由向人民法院提起诉讼。

2022 年修订的《妇女权益保障法》第四十三条规定，除国家另有规定外，禁止用人单位在招聘中设置“仅限男性”“男性优先”等性别条件，不得询问妇女婚育情况，不得因婚育降低薪酬、单方调岗等行为。对侵害权益的行为，劳动者可直接向人民法院提起诉讼。

二 职业发展机会平等

1 法律规定

《中华人民共和国宪法》

第四十八条 中华人民共和国妇女在政治的、经济的、文化的、社会的和家庭的生活等各方面享有同男子平等的权利。

国家保护妇女的权利和利益，实行男女同工同酬，培养和选拔妇女干部。

《中华人民共和国劳动法》

第三条 劳动者享有平等就业和选择职业的权利、取得劳动报酬的权利、休息休假的权利、获得劳动安全卫生保护的权利、接受职业技能培训的权利、享受社会保险和福利的权利、提请劳动争议处理的权利以及法律规定的其他劳动权利。

劳动者应当完成劳动任务，提高职业技能，执行劳动安全卫生规程，遵守劳动纪律和职业道德。

《中华人民共和国妇女权益保障法》

第四十一条 国家保障妇女享有与男子平等的

劳动权利和社会保障权利。

第四十六条　在晋职、晋级、评聘专业技术职称和职务、培训等方面，应当坚持男女平等的原则，不得歧视妇女。

❷ 法律解读

什么是职业发展机会平等

职业发展机会平等主要包括平等的职业培训机会、平等的晋升机会和平等的评优、奖励机会三个方面。

> 平等的职业培训机会是指男女职工享有平等地接受职业培训的权利。职业培训既包括专业技术培训，也包括管理 / 领导力等培训。用人单位应为所有男女职工提供培训和发展机会，按照客观公正的标准选择有资格的职工参与职业培训。培训内容应该打破传统男女角色定型。同时应对参加各种职业培训的职工进行分性别统计和定期的监测，以便及时发现男女职工比例的差异，分析造成差异的原因，采取措施进行合理干预。

> 平等的晋升机会是指男女职工在晋职、晋级、评定专业技术职务等方面享有平等的权利。用人单

位在晋职、晋级、评定专业技术等级等方面应以个人的能力和业绩为标准，不应有任何性别歧视和偏见。用人单位在晋升时应公开职位的信息和录用条件，以事先确定的标准评定申请人的资格。

> 平等的评优、奖励机会是指男女职工在用人单位的评比活动中享有平等地被评选为优秀及获得奖励的权利。用人单位各项评比制度应公开公正，男女职工不应因性别受到不公正的对待。

❸ 用人单位应采取哪些措施保障男女职工享有平等的职业发展机会

> 用人单位规章制度中应明确规定男女职工享有平等的培训、晋升和其他职业发展机会。

> 用人单位应安排职业培训，定期对培训活动进行审核，以帮助所有职工克服工作发展中可能碰到的障碍，尤其要帮助他们适应岗位变化和技术革新。

> 负责职工职业培训的人员应接受性别平等方面的培训，了解如何辨识男女职工的培训需求和如何在培训问题上遵循性别平等原则。

> 在专业技术或管理/领导力等培训方案中，

应考虑男女职工群体的培训需求，制定男女平等参与的目标或指标，确保男女职工都能参加对其职业发展至关重要的培训。

> 用人单位应将各种职业培训机会和申请程序告知所有职工，使所有职工了解选择标准和申请条件。

> 对培训申请者进行评定时，应使用客观的评定标准，充分考虑反歧视行动措施，以保证每个职工的申请均得到公正的评定。

> 合理安排培训课程的时间，以便所有具有资格的职工均能参加。比如，尽量安排在午休或者工作时间，以方便有家庭照顾责任的职工能够参加。

> 为因产假、陪产假错过培训的男女职工提供补充培训机会。

> 可通过为女职工提供工作指导等方式，扩大其职业发展机会。

> 对于用人单位所提供的培训或工作指导等，职工应有机会提交反馈意见。

> 帮助所有的职工熟悉本单位的晋升制度和标准。

> 所有晋升机会，即所有具有晋升潜力的发展

机会都应予以公示，使所有职工了解即将出现的空缺职位的情况。

> 建立公平的评价机制，即用人单位开展的各种评优、评奖活动都应予以公示，使所有职工了解获得奖励的机会。

> 为避免偏见，应有两人以上且男女代表比例相对均衡的晋升和评优审查小组测评申请人的资格。

> 参与晋升或评优决定过程的人员应接受一定的培训，以熟知平等原则、反歧视行动措施和择优录取的原则。

> 应对职工的职业发展机会进行分性别统计。比如，参与各种培训的男女职工比例，各层级管理岗位男女比例等。发现问题应分析原因并及时采取措施进行调整。

> 应建立争议处理制度解决职业发展机会歧视问题，并确保职工知晓处理程序。工会应积极参与并监督用人单位职业发展机会平等的保障和促进工作。

④ 消除女性职业发展中的“玻璃天花板”

“玻璃天花板”用于描述阻碍女性职业发展的

无形障碍。虽然女职工的工作能力越来越强，工作表现也越来越优异，但是由于传统观念及制度制约，一些用人单位大多数领导职位由男性担任，女性往往被排除在决策机制和程序之外。女职工缺乏培训和职业晋升机会，女职工的职业发展需求往往被忽视和边缘化。因此，用人单位应采取积极措施打破"玻璃天花板"。

"玻璃天花板"现象长期存在的主要原因在于：

> 女职工在工作场所仍然遭受性别角色定型的影响；

> 女职工大多被分配到非决策性岗位，缺乏获得向较高职位发展的可能性；

> 女职工获得培训尤其是管理和领导力培训的机会较少；

> 家庭责任主要由女性承担，这种双重角色阻碍了她们的职业发展。

5 实践案例分析

案例 1

某油田女职工培训学校注重按需施教，在设置培训课程前，均深入开展调研，了解女职工的需求，有针对性地设计培训内容，制订培训计划。如针对油田管理层的女干部举办提升领导能力的培训。

点评 本案例中的企业在对职工进行培训时，能够考虑男女职工不同的需求，有针对性地进行培训，这一点是值得肯定的。需要特别提示的是，对女职工按需施教应注意不要受性别刻板印象和传统性别分工的影响，为女职工提供的培训不应局限于形体礼仪、茶艺、插花等，而应该鼓励女职工积极参与各类职业培训，尤其是管理 / 领导力培训。

在培训中推行性别平等原则应注意采取以下措施：

> 通过教育、鼓励职工打破传统的社会男女分工观念，让男女职工平等分担各项职责；

> 提供职业指导服务，促使女职工能够获得更

多职业培训的机会，扩大女性可从事职业的范围；

> 让女职工有机会接受各类教育和职业培训、从事各类工作，以及接受更深层次、更高等级的培训，以保证她们能够得到个人发展和职位提升；

> 为有家庭责任的男女职工提供儿童保育设施及其他各种帮助，促使他们能够有更多机会参加职业培训。

案例 2

某企业工会在调研基础上，先后制定了《关于加强女职工工作的指导意见》《关于新形势下加强和改进女职工工作的指导意见》等系列文件，对进一步维护和保障女职工权益、促进女职工全面发展作出了明确规定，为在企业内部实现性别平等提供了有力支撑。特别是针对全公司局、处两级女干部比例偏低（分别占局职总数的 2.2%、处职总数的 4.8%）的问题，公司工会女职工委员会在调研走访和数据分析的基础上，推动公司党委出台了《关于进一步加强和改进女干部培养选拔工作的指导意见》（以下简称《意见》）。《意见》发布之后的几年中，有23名女职工走上了局职领导岗位，416名女职工走上了处职干部岗位，分别增长了228.6%、50.7%，打破了女职工在晋升发展中的“玻璃天花板”。同时，注重量化性别指标，充分保障女职工的政治权益，严格落实“公司职代会、党代会、工代会的女代表比例及各项综合性评比表彰中女职工比例均不能低于15%”的要求，保障了女职工的知情权、参与权、表达权和监督权。

|**点评**| 该企业制定专门文件促进女职工职业发展，在培训、晋升、各种评比表彰中都能进行分性别统计、量化性别指标，有针对性地进行合理干预，致力于打破阻碍女性职业发展的“玻璃天花板”的做法值得肯定，且为了打破“玻璃天花板”，在平时的工作中就注重为女职工成长成才搭建平台。

此外，用人单位在培训、晋升、考核及评选的制度设计中应充分考虑因生育造成的男女职工差异

及需求，避免对生育女职工产生不合理的消极影响。比如，国家自然科学基金委员会在评选青年科学基金项目时，因考虑到女性生育周期的因素，对于男女申请人的年龄作出不同规定，男性 35 周岁以下可以申请青年科学基金，而女性的申请年龄则延长到 40 周岁以下；广东某企业规定，女职工处于孕产哺乳期，绩效晋升考核可申请延后一年或两年，使生育女职工绩效晋升有保障。

三 薪酬待遇平等

1 法律规定

《中华人民共和国宪法》

第四十八条　中华人民共和国妇女在政治的、经济的、文化的、社会的和家庭的生活等各方面享有同男子平等的权利。

国家保护妇女的权利和利益，实行男女同工同酬，培养和选拔妇女干部。

《中华人民共和国劳动法》

第三条 劳动者享有平等就业和选择职业的权利、取得劳动报酬的权利、休息休假的权利、获得劳动安全卫生保护的权利、接受职业技能培训的权利、享受社会保险和福利的权利、提请劳动争议处理的权利以及法律规定的其他劳动权利。

劳动者应当完成劳动任务，提高职业技能，执行劳动安全卫生规程，遵守劳动纪律和职业道德。

第四十六条 工资分配应当遵循按劳分配原则，实行同工同酬。

工资水平在经济发展的基础上逐步提高。国家对工资总量实行宏观调控。

《中华人民共和国劳动合同法》

第十一条 用人单位未在用工的同时订立书面劳动合同，与劳动者约定的劳动报酬不明确的，新招用的劳动者的劳动报酬按照集体合同规定的标准执行；没有集体合同或者集体合同未规定的，实行同工同酬。

第十八条 劳动合同对劳动报酬和劳动条件等标准约定不明确，引发争议的，用人单位与劳动者可以重新协商；协商不成的，适用集体合同规定；没有集体合同或者集体合同未规定劳动报酬的，实行同工同酬；没有集体合同或者集体合同未规定劳动条件等标准的，适用国家有关规定。

《中华人民共和国妇女权益保障法》

第四十五条　实行男女同工同酬。妇女在享受福利待遇方面享有与男子平等的权利。

2 法律解读

什么是同工同酬和同值同酬

> 同等工作同等报酬（简称“同工同酬”）：男女职工在从事相同或相似的工作的情况下获得相同报酬。

> 同等价值工作同等报酬（简称“同值同酬”或“等值同酬”）：即使男女职工所从事的工作内容完全不同，但是根据客观标准衡量后，不同内容的工作在技术、资格、强度、职责和工作条件的要求上相同时，也应该获得相同报酬。我国现行法律中要求同工同酬，根据我国批准的联合国《消除对妇女一切形式歧视公约》和国际劳工组织《男女工人同工同酬公约》，男女工人都有权利在从事同等价值

工作的情况下获得同等报酬，即同值同酬。

目前，中国尚有一些用人单位未做到男女职工同工同酬，因此当前迫切需要解决的是同工同酬问题，同值同酬是应该倡导和努力的方向。

薪酬包含的范围有哪些

同工同酬原则适用于用人单位发放的所有工资和福利，其中，工资包括计时工资或者计件工资以及奖金、津贴等货币性收入。除了工资，薪酬待遇还包括其他福利、设施和服务，比如，住房补贴或住宿补助；交通工具或补贴；养老金；医疗保险；年假和假期津贴；午餐券、折扣旅行服务或其他可以折成现金价值的实物福利以及任何给予职工附加的福利、红利。

3 用人单位应采取哪些措施保障男女职工享有平等的薪酬待遇

> 将同工同酬原则明确写入规章制度。

> 设计薪酬体系，不仅确保同工同酬，也要积极推进同值同酬。

> 用人单位在制定、修改或者决定有关劳动报酬、保险福利等规章制度和重要措施时，应当经职

工代表大会或者全体职工讨论，提出方案和意见，与工会或者职工代表平等协商确定。

> 将男女职工待遇平等明确写入与工会的集体合同和与职工的劳动合同。

> 如果用人单位存在不平等的工作分类或工资结构，管理层和受到影响的职工代表应共同就薪酬待遇问题进行专门协商。

> 组织和开展培训活动，使管理者和相关人员了解同工同酬和同值同酬原则及相关规章制度。

> 建立工资的分性别统计和调查，如发现存在问题应及时进行合理的调整。

> 有程序保证职工能够就薪酬歧视提出投诉，并采取相应的补偿措施。

> 工会组织应监督用人单位薪酬平等执行情况，并参与薪酬歧视问题的投诉和处理。

④ 实践案例分析

某矿业公司建立了“同工同酬”薪酬体系。薪酬体系对从事同岗位的男女职工实行同工同酬。薪酬内容分为固定工资和变动工资。固定工资充分考虑岗位的环境、技术难度、劳动强度等因素，同岗位的基数相同；变动工资根据职工工龄、学历、职称等不同等级设置薪酬，绩效工资根据日常工作表现考评兑现。

| **点评** | 薪酬平等是职工应该享有的基本权利，工资报酬的多少和类型应该以对职工实际所做工作的客观评价为基础，不应与职工性别相关。该公司建立了“同工同酬”的薪酬体系，做到了合规，但同时也应该强调“同值同酬”。

保证薪酬平等，需要比较不同工作的价值，以保证同值同酬。可参考因素包括：

· 技能：通过教育和实践经验积累的知识和能力。

· 努力：身体或精神上所投入的努力，或与工作表现有关的身体、心理或精神压力。

· 责任：履行工作需要的责任，其中包括职责的性质、范围和复杂性以及用人单位依赖职工履行工作的程度。

· 工作条件：如噪声、暑热、严寒、独处、人身危险、健康危害和其他由于工作环境产生的危险。

㊃ 生育保护

1 法律规定

《中华人民共和国妇女权益保障法》

第四十七条　用人单位应当根据妇女的特点，依法保护妇女在工作和劳动时的安全、健康以及休息的权利。

妇女在经期、孕期、产期、哺乳期受特殊保护。

第四十八条　用人单位不得因结婚、怀孕、产假、哺乳等情形，降低女职工的工资和福利待遇，限制女职工晋职、晋级、评聘专业技术职称和职务，辞退女职工，单方解除劳动（聘用）合同或者服务协议。

女职工在怀孕以及依法享受产假期间，劳动（聘用）合同或者服务协议期满的，劳动（聘用）合同或者服务协议期限自动延续至产假结束。但是，用人单位依法解除、终止劳动（聘用）合同、服务协议，或者女职工依法要求解除、终止劳动（聘用）合同、服务协议的除外。

用人单位在执行国家退休制度时，不得以性别为由歧视妇女。

第五十一条 国家实行生育保险制度，建立健全婴幼儿托育服务等与生育相关的其他保障制度。

国家建立健全职工生育休假制度，保障孕产期女职工依法享有休息休假权益。

地方各级人民政府和有关部门应当按照国家有关规定，为符合条件的困难妇女提供必要的生育救助。

《中华人民共和国劳动合同法》

第四十二条 劳动者有下列情形之一的，用人单位不得依照本法第四十条、第四十一条的规定解除劳动合同：

……

（四）女职工在孕期、产期、哺乳期的；

……

第四十五条　劳动合同期满，有本法第四十二条规定情形之一的，劳动合同应当续延至相应的情形消失时终止。但是，本法第四十二条第二项规定丧失或者部分丧失劳动能力劳动者的劳动合同的终止，按照国家有关工伤保险的规定执行。

《中华人民共和国社会保险法》

第五十三条　职工应当参加生育保险，由用人单位按照国家规定缴纳生育保险费，职工不缴纳生育保险费。

第五十四条　用人单位已经缴纳生育保险费的，其职工享受生育保险待遇；职工未就业配偶按照国家规定享受生育医疗费用待遇。所需资金从生育保险基金中支付。

生育保险待遇包括生育医疗费用和生育津贴。

第五十五条　生育医疗费用包括下列各项：

（一）生育的医疗费用；

（二）计划生育的医疗费用；

（三）法律、法规规定的其他项目费用。

第五十六条　职工有下列情形之一的，可以按照国家规定享受生育津贴：

（一）女职工生育享受产假；

（二）享受计划生育手术休假；

（三）法律、法规规定的其他情形。

生育津贴按照职工所在用人单位上年度职工月平均工资计发。

《中华人民共和国职业病防治法》

第三十八条 用人单位不得安排未成年工从事接触职业病危害的作业；不得安排孕期、哺乳期的女职工从事对本人和胎儿、婴儿有危害的作业。

《女职工劳动保护特别规定》

第五条 用人单位不得因女职工怀孕、生育、哺乳降低其工资、予以辞退、与其解除劳动或者聘用合同。

第六条 女职工在孕期不能适应原劳动的，用人单位应当根据医疗机构的证明，予以减轻劳动量或者安排其他能够适应的劳动。

对怀孕 7 个月以上的女职工，用人单位不得延长劳动时间或者安排夜班劳动，并应当在劳动时间内安排一定的休息时间。

怀孕女职工在劳动时间内进行产前检查，所需时间计入劳动时间。

第七条 女职工生育享受 98 天产假，其中产前可以休假 15 天；难产的，增加产假 15 天；生育多胞胎的，每多生育 1 个婴儿，增加产假 15 天。

女职工怀孕未满 4 个月流产的，享受 15 天产假；怀孕满 4 个月流产的，享受 42 天产假。

第八条　女职工产假期间的生育津贴，对已经参加生育保险的，按照用人单位上年度职工月平均工资的标准由生育保险基金支付；对未参加生育保险的，按照女职工产假前工资的标准由用人单位支付。

女职工生育或者流产的医疗费用，按照生育保险规定的项目和标准，对已经参加生育保险的，由生育保险基金支付；对未参加生育保险的，由用人单位支付。

第九条　对哺乳未满 1 周岁婴儿的女职工，用人单位不得延长劳动时间或者安排夜班劳动。

用人单位应当在每天的劳动时间内为哺乳期女职工安排 1 小时哺乳时间；女职工生育多胞胎的，每多哺乳 1 个婴儿每天增加 1 小时哺乳时间。

第十条　女职工比较多的用人单位应当根据女职工的需要，建立女职工卫生室、孕妇休息室、哺乳室等设施，妥善解决女职工在生理卫生、哺乳方面的困难。

附录：

……

二、女职工在经期禁忌从事的劳动范围：

（一）冷水作业分级标准中规定的第二级、第三级、第四级冷水作业；

（二）低温作业分级标准中规定的第二级、第三级、第四级低温作业；

（三）体力劳动强度分级标准中规定的第三级、第四级体力劳动强度的作业；

（四）高处作业分级标准中规定的第三级、第四级高处作业。

三、女职工在孕期禁忌从事的劳动范围：

（一）作业场所空气中铅及其化合物、汞及其化合物、苯、镉、铍、砷、氰化物、氮氧化物、一氧化碳、二硫化碳、氯、己内酰胺、氯丁二烯、氯乙烯、环氧乙烷、苯胺、甲醛等有毒物质浓度超过国家职业卫生标准的作业；

（二）从事抗癌药物、己烯雌酚生产，接触麻醉剂气体等的作业；

（三）非密封源放射性物质的操作，核事故与放射事故的应急处置；

（四）高处作业分级标准中规定的高处作业；

（五）冷水作业分级标准中规定的冷水作业；

（六）低温作业分级标准中规定的低温作业；

（七）高温作业分级标准中规定的第三级、第四级的作业；

（八）噪声作业分级标准中规定的第三级、第四级的作业；

（九）体力劳动强度分级标准中规定的第三级、第四级体力劳动强度的作业；

（十）在密闭空间、高压室作业或者潜水作业，伴有强烈振动的作业，或者需要频繁弯腰、攀高、下蹲的作业。

四、女职工在哺乳期禁忌从事的劳动范围：

（一）孕期禁忌从事的劳动范围的第一项、第三项、第九项；

（二）作业场所空气中锰、氟、溴、甲醇、有机磷化合物、有机氯化合物等有毒物质浓度超过国家职业卫生标准的作业。

《女职工保健工作规定》

第九条　孕前保健

1. 已婚待孕女职工禁忌从事铅、汞、苯、镉等作业场所属于《有毒作业分级》标准中第Ⅲ－Ⅳ级的作业。

2. 积极开展优生宣传和咨询。

3. 对女职工应进行妊娠知识的健康教育，使她们在月经超期时主动接受检查。

4. 患有射线病、慢性职业中毒、近期内有过急性中毒史及其它有碍于母体和胎儿健康疾病者，暂时不宜妊娠。

5. 对有过两次以上自然流产史，现又无子女的女职工，应暂时调离有可能直接或间接导致流产的作业岗位。

第十一条　产后保健

1. 进行产后访视及母乳喂养指导。

2. 产后42天对母子进行健康检查。

3. 产假期满恢复工作时，应允许有1至2周时间逐渐恢复原工作量。

第十四条　对女职工定期进行妇科疾病及乳腺疾病的查治。

第十五条　女职工浴室要淋浴化。厕所要求蹲位。

第十六条　建立健全女职工保健工作统计制度。

② 法律解读

用人单位为什么要实施工作中的生育保护

《宪法》规定："国家尊重和保障人权。"生育权也是一项基本人权。生育保护是国家和社会为了保护母亲和新生儿的健康、解决女性生育和就业冲突，为生育女性和家庭提供的就业、收入和休假保障。用人单位提供工作中的生育保护对提高劳动力人口素质、促进经济社会可持续发展具有重要意义。中国政府颁布一系列法律、法规和政策文件保护生育女性，用人单位有责任履行法律义务，承担社会责任。

用人单位生育保护的法律义务有哪些

用人单位生育保护的法律义务主要包括就业保护及反歧视，落实产假和生育护理假、依法缴纳生育保险，落实生育医疗费用和生育津贴待遇，加强女职工劳动保护，保障生育健康。

> 就业保护和反歧视

· 保障女职工产假结束后有权返回原来或同等的工作岗位。

· 不得因结婚、怀孕、产假、哺乳等情形，降低女职工的工资，辞退女职工，单方解除劳动（聘用）合同或者服务协议。

·劳动合同期满，女职工在孕期、产期、哺乳期的，劳动合同应当续延至相应的情形消失时终止。

> 产假及生育护理假

·为女职工提供不少于98天产假和地方规定的生育延长假。

·女职工在产假期间应视为正常劳动时间，不影响女职工的工资待遇、福利、晋升等。

·依据地方规定为男职工提供生育护理假。

> 生育医疗费用

·为所有职工缴纳生育保险。

·女职工生育医疗费用。

·计划生育的医疗费用。

·职工的未就业配偶可按照国家规定享受生育医疗待遇。

·对未参加生育保险的女职工，生育或者流产的医疗费用由用人单位承担。

> 生育津贴

·已参加生育保险的女职工产假期间生育津贴，按照用人单位上年度职工月平均工资的标准由生育保险基金支付。对未参加生育保险的女职工，用人单位应按照女职工产假前工资的标准向其支付生育津贴。

> 生育健康保护

· 不安排经期、孕期、哺乳期女职工从事法律规定的禁忌劳动范围工作。

· 应当将本单位属于女职工禁忌从事的劳动范围的岗位书面告知女职工。

· 为职工提供体检，包括对女职工定期进行妇科疾病及乳腺疾病的查治。

· 为职工提供健康咨询、讲座、义诊等健康服务。

· 为保障女职工和胎儿的健康，用人单位应为女职工提供安全健康的工作环境。工作场所存在危害生育健康因素时，孕期、哺乳期女职工有权要求调离岗位，并保持薪资不变。

· 女职工在孕期不能适应原劳动的，用人单位应当根据医疗机构的证明，予以减轻劳动量或者安排其他能够适应的劳动。

· 对怀孕 7 个月以上的女职工，不延长劳动时间或安排夜班劳动。

· 产前检查时间视为正常劳动时间。

· 建立保护孕妇和胎儿的健康与安全专门规定。

· 按性别分类建立职业健康监护档案，并按照规定的期限妥善保存。

> 哺乳支持

· 在每天的劳动时间内为哺乳期女职工安排 1 小时灵活的哺乳时间。生育多胞胎的，每多哺乳 1 个婴儿每天增加 1 小时哺乳时间。

· 为哺乳期女职工建立安全、卫生、私密的哺乳室，从而为产假结束后返回工作岗位的女职工坚持母乳喂养创造条件。

· 不安排哺乳期女职工延长工作时间或安排夜班工作。

3 用人单位在生育保护方面应采取哪些措施

> 建立女职工劳动保护制度，特别是建立保护孕妇和胎儿的健康与安全专门规定。

> 将生育保护的内容纳入职业安全健康管理体系中。

> 将生育保护的内容纳入集体合同、劳动安全卫生专项集体合同、女职工权益保护专项集体合同中。

> 将生育保护的内容纳入工会劳动保护监督检查员和工会劳动法律监督员的工作职责中。

> 为管理者和男女职工提供生育保护相关法律

法规政策等宣传培训。

> 应将本单位属于女职工禁忌从事的劳动范围的岗位书面告知女职工。

> 应采取适当措施保护女职工在工作中不受不利健康或有毒有害物质、工艺和技术的危害。

> 应为有毒有害作业岗位职工设立专门淋浴室和更衣场所，便于及时隔绝、清理衣物上附着的有毒有害物质。

> 开展工作场所职工健康风险评估与促进。

> 建立职工心理健康干预机制，特别关注女职工的生育焦虑和抑郁。

> 为职工提供体检，包括对女职工定期进行妇科疾病及乳腺疾病的查治。

> 为女职工提供不少于 98 天产假和地方规定的生育延长假。

> 依据地方规定为男职工提供生育护理假。

> 为所有职工缴纳生育保险。

> 依据地方规定，提供女职工在生育延长假期间的收入和男职工在生育护理假期间的收入。

> 在每天的劳动时间内为哺乳期女职工安排 1 小时灵活哺乳时间，生育多胞胎的，每多哺乳 1 个

婴儿每天增加 1 小时哺乳时间。

> 为孕期女职工提供孕期休息室，为哺乳期女职工提供安全、卫生、私密的哺乳室。

> 保障女职工产假结束后返回原来或同等的工作岗位。

> 劳动合同期满，女职工在孕期、产期、哺乳期的，劳动合同应当续延至相应的情形消失时终止。

> 在集体合同、劳动合同中不得有限制女职工生育的内容。

> 按性别分类建立职业健康监护档案，并按照规定的期限妥善保存。

4 实践案例分析

案例 1

某公司在生育保护方面，依法为女职工缴纳生育保险，为生育女职工提供产假、哺乳时间，将女职工“四期”保护的相关内容纳入企业的集体合同和企业《休假管理规定》中。同时，建立“爱心母婴室”，怀孕女职工佩戴胸牌，用餐时可获得孕妇餐，并享受不排队、不限窗口等特殊待遇，乘坐公司班车享受孕妇专座。

|**点评**| 企业给予女职工生育保护，不仅应依据法律规定为其缴纳生育保险，保障其享有生育保险权利，为其提供产假，同时还要提供友善的工作环境，如女职工休息哺乳室，为孕期、哺乳期女职工提供灵活安排工作的选择，使生育女职工能够得到企业更多的理解和支持。

案例 2

苏女士系某公司会计，劳动关系双方签订书面劳动合同，约定苏女士月基本工资为 4500 元。怀孕后，苏女士因身体出现先兆性流产而向公司请病假，公司考虑到苏女士身体的特殊情况同意其回家保胎，同时找人接替苏女士的工作。后苏女士一直遵医嘱保胎，并按照规定向公司履行了请假手续。苏女士病假结束后返回工作岗位，公司以其无法胜任工作为由将其调整到销售岗位，工资改为由基本工资2000元加销售提成组成。苏女士不同意调岗，因此未去工作，公司认为苏女士旷工，属于严重违纪予以辞退。苏女士不服公司的决定，遂向劳动争议仲裁委员会申请仲裁，要求公司支付其孕、产期被克扣的工资以及违法解除劳动合同经济补偿金。劳动争议仲裁委员会作出裁决，支持苏女士的诉求，但公司因对裁决不服，故向法院提起诉讼。最终，法院支持了苏女士的主张，驳回公司的诉讼请求，判决公司补足苏女士的基本工资差额，同时支付苏女士终止劳动合同的赔偿金。

|**点评**| 用人单位在为怀孕女职工调岗时，应事先征得女职工同意，不能单方面调整岗位；调整后的岗位应适合怀孕女职工，而不是工作劳动强度更大的岗位；如果用人单位恶意调岗，女职工有权拒绝，用人单位不能因此解除与女职工的劳动合同，否则即构成违法解雇。

㈤ 为职工平衡工作和家庭责任提供支持

❶ 为什么要向职工提供平衡工作和家庭责任的支持措施

> 提高职工的工作满意度。

> 提高职工的工作效率和劳动生产率。

> 解决职工的后顾之忧，职工旷工和迟到现象减少。

> 职工流失减少，人员招聘和调配培训成本降低。

> 工作和家庭责任的冲突减少，有利于减轻职工压力，促进精神健康。

> 用人单位吸引和留住高素质职工的能力增强，市场竞争力提高。

> 劳动关系改善。

> 树立用人单位对家庭友好的正面形象。

❷ 用人单位在支持职工平衡工作和家庭责任方面应采取哪些措施

> 建立帮助职工平衡工作和家庭责任制度，并制定实施方案，确保方案实施。

> 调查男女职工在平衡工作与家庭责任方面的需求。

> 将帮助职工平衡工作和家庭责任的措施纳入集体合同。

> 向职工宣传相关制度规定，让职工知晓单位提供的相关福利和服务，并及时告知相关规定变化的情况。

> 对男女职工进行共同承担家庭责任和社会责任的教育。

> 提供灵活安排工作时间或减少工作时间的选择，包括提供远程办公的选择。

> 提供支持或培训，以帮助女职工休完产假返回工作岗位并胜任工作。

> 为女职工提供产假后逐步恢复工作的适应时间。

> 提供职工子女托幼服务和托管服务（托儿所、幼儿园、寒暑假及课后托管班等）。

> 允许职工紧急休假，以承担紧急的照顾责任。

> 在需要职工异地调动工作时，考虑其配偶的工作安排及子女的受教育可能性。

> 根据地方规定和用人单位实际，为男女职工提供照顾子女的假期。

3 实践案例分析

某公司为了留住青年职工，经过调研，决定建立托儿所和幼儿园，解决职工后顾之忧。为帮助生育女职工在产假结束后能尽快适应工作，主动对返岗女职工提供培训。

某公司经过调研协商，在女职工权益保护专项集体合同中规定，经本人申请，工作条件许可，公司批准，在哺乳期内可以采用弹性工作时间或居家工作形式，帮助哺乳期女职工兼顾工作和家庭。

某公司为体现对哺乳期和育儿期职工的支持，规定职工每年 12 天带薪病假中有 2 天可用于孩子生病时所需的请假；执行弹性工作时间制度，上班时间在8:30—10:00，下班时间相应为17:30—19:00（含午餐时间1小时），并在2019年1月启动在家工作的政策，经单位批准，职工可以每月有2天申请在家办公。

|点评| 孩子的照料问题已经成为年轻父母平衡工作和家庭责任的重要因素，用人单位提供托育服务有利于解决年轻职工的后顾之忧，这对于用人单位留住人才、鼓励职工更好地投入工作、提高工作效率极为必要。用人单位也可以提供灵活的工作形式和休假制度，帮助职工更好地实现工作和家庭责任的平衡。

用人单位在为职工平衡工作和家庭责任提供支持措施时，要考虑两个方面：一方面，男女之间存在生理差异，比如，只有女性才能分娩和哺乳婴儿，因此应对生育女职工采取特殊照顾措施。另一方面，要认识到男女职工均负有家庭照顾责任，目前大多是女职工承担更多家庭责任，应更加鼓励男职工照顾家庭，从而促进男女性别平等。

此外，用人单位为休完产假的女职工提供工作培训，有助于女职工尽快适应工作岗位需要，提高其工作能力，避免由于生育给自身工作带来不利影响。

六 预防和制止职场暴力和性骚扰

1 法律规定

《中华人民共和国妇女权益保障法》

第八十条　违反本法规定，对妇女实施性骚扰的，由公安机关给予批评教育或者出具告诫书，并由所在单位依法给予处分。

学校、用人单位违反本法规定，未采取必要措施预防和制止性骚扰，造成妇女权益受到侵害或者社会影响恶劣的，由上级机关或者主管部门责令改正；拒不改正或者情节严重的，依法对直接负责的主管人员和其他直接责任人员给予处分。

《女职工劳动保护特别规定》

第十一条 在劳动场所，用人单位应当预防和制止对女职工的性骚扰。

《中华人民共和国民法典》

第三条 民事主体的人身权利、财产权利以及其他合法权益受法律保护，任何组织或者个人不得侵犯。

第一百零九条 自然人的人身自由、人格尊严受法律保护。

第一百一十条 自然人享有生命权、身体权、健康权、姓名权、肖像权、名誉权、荣誉权、隐私权、婚姻自主权等权利。

法人、非法人组织享有名称权、名誉权和荣誉权。

《中华人民共和国治安管理处罚法》

第五十条 有下列行为之一的，处五日以下拘留或者一千元以下罚款；情节较重的，处五日以上十日以下拘留，可以并处一千元以下罚款：

（一）写恐吓信或者以其他方法威胁他人人身安全的；

（二）公然侮辱他人或者捏造事实诽谤他人的；

（三）捏造事实诬告陷害他人，企图使他人受到刑事追究或者受到治安管理处罚的；

（四）对证人及其近亲属进行威胁、侮辱、殴打或者打击报复的；

（五）多次发送淫秽、侮辱、恐吓等信息或者采取滋扰、纠缠、跟踪等方法，干扰他人正常生活的；

（六）偷窥、偷拍、窃听、散布他人隐私的。

……

第五十二条　猥亵他人的，处五日以上十日以下拘留；猥亵精神病人、智力残疾人、不满十四周岁的人或者有其他严重情节的，处十日以上十五日以下拘留。

在公共场所故意裸露身体隐私部位的，处警告或者五百元以下罚款；情节恶劣的，处五日以上十日以下拘留。

《中华人民共和国刑法》

第二百三十六条　以暴力、胁迫或者其他手段强奸妇女的，处三年以上十年以下有期徒刑。

奸淫不满十四周岁的幼女的，以强奸论，从重处罚。

强奸妇女、奸淫幼女，有下列情形之一的，处十年以上有期徒刑、无期徒刑或者死刑：

（一）强奸妇女、奸淫幼女情节恶劣的；

（二）强奸妇女、奸淫幼女多人的；

（三）在公共场所当众强奸妇女奸淫幼女的；

（四）二人以上轮奸的；

（五）奸淫不满十周岁的幼女或者造成幼女伤害的；

（六）致使被害人重伤、死亡或者造成其他严重后果的。

第二百三十七条　以暴力、胁迫或者其他方法强制猥亵他人或者侮辱妇女的，处五年以下有期徒刑或者拘役。

聚众或者在公共场所当众犯前款罪的，或者有其他恶劣情节的，处五年以上有期徒刑。

……

❷ 法律解读

什么是职场暴力

职场暴力包括一切背离理性的行动、事件或行为，导致个人在工作过程中或因为工作而受到攻击、威胁、侵害或伤害。

表现形式主要有杀害、攻击、强奸、性骚扰、威胁、欺辱、群体欺辱和语言攻击。

什么是职场性骚扰

职场性骚扰是职场暴力的一种主要表现形式，是指侵犯他人尊严的，具有冒犯性和令人不悦的与性有关的行为或其他基于性的行为、语言、图片、文字等。

职场性骚扰通常以两种形式出现：

· 交换型的性骚扰：是指由某个掌握权力的人，比如主管，提出性方面的要求，以此作为对方获得与工作有关的机会或待遇（如录用、晋升、加薪、培训机会、调岗、职业稳定等）的交换条件。受害者被迫接受此要求，否则可能失去这些机会或待遇。

· 敌意工作环境的性骚扰：在工作场所中，任何人以具有性意味的言辞或行为，或基于性别进行侮辱的言辞或行为，而给他人造成敌意性、胁迫性或冒犯性的工作环境。

3 哪些人可能是职场暴力和性骚扰的加害人和受害人

在工作场所，任何人都可能对他人实施暴力和性骚扰。包括上级、同事、客户、顾客，其中受害者大部分是女职工，男职工同样可能遭受职场暴力和性骚扰。

4 职场暴力和性骚扰可能发生在哪些地方

所有与工作有关的环境。不仅包括日常的工作场所，还包括实施暴力者、骚扰者因工作关系有机会接触被暴力者、被骚扰者的场合，如下班途中、客户的办公室或家中、公务旅行中、同事聚会、电话和邮件等。

5 哪些行为可能构成职场性骚扰

> 反复凝视身体敏感部位。

> 不受欢迎的身体接触，如触摸、搂抱、抚弄、掐捏等。

> 强迫性质的邀请，死缠烂打型的示爱，在被拒绝之后仍持续地邀请共同进餐或约会，使对方感受到一种“隐形威胁”。

> 编制、转发、展示具有性含义的“黄段子”。

> 展示、摆放色情图片、海报等。

> 询问、告知、传播性经验等隐私。

> 要求发生不正当的性关系等。

⑥ 用人单位应采取哪些措施预防和制止职场暴力和性骚扰

> 将禁止职场暴力和性骚扰明确写入规章制度

· 将职场暴力和性骚扰作为一种严重违纪行为，写进规章制度，并对可能构成暴力和性骚扰的行为进行列举。规章制度的内容至少包括：

· 什么是职场暴力和性骚扰；

· 详细说明对实施暴力和性骚扰行为的职工的制裁方式；

· 明确对职场暴力和性骚扰行为的投诉程序，设立受理投诉、调查和解决暴力和性骚扰的机构；

· 禁止对职场暴力和性骚扰投诉人、证人和处理暴力和性骚扰事件者打击报复，明确保护措施。

> 建设有利于预防职场暴力和性骚扰的工作环境

· 建立开放式、可视化的办公环境，尽量避免设置独立或私密性过强、隔音性过强的办公空间；

· 配备安保人员，对安保人员进行专业培训；

· 在不侵犯职工隐私权的前提下，在工作场所安装监控设备，且尽量不留监控死角。

> 持续性宣传、教育和培训

· 职场暴力和性骚扰重在预防。可以通过现场宣讲、电话会议、电子信息传输以及在宣传栏张贴等多样化的持续性宣传、教育和培训，让所有职工都知悉本单位禁止职场暴力和性骚扰的规定。

> 设置处理机构并明确职责

· 建立专门受理职场暴力和性骚扰投诉或举报的机构十分重要。该机构可设在人力资源、工会等有关部门，其成员的性别应相对均衡，以免投诉或举报人对异性难以启齿。在规章制度中要明确该机构的具体职责。

> 明确处理程序，对投诉或举报事件及时进行调查核实

· 为便于职工投诉和举报，应设置热线电话、传真、专用信箱（包括电子信箱）等。对于具体的处理程序，可以画出流程图，并列举详尽的注意事项。比如，在可能的范围内保密处理，并告知任何人不得报复投诉或举报人和证人等。

> 在用人单位规章制度中明确对职场暴力和性骚扰实施者的惩戒措施

· 在规章制度中详细列举对职场暴力和性骚扰

实施者的惩戒措施（如警告、降级、调离、停职停薪或开除等）及考量依据，并明确用人单位可建议受害职工追究实施者的法律责任。

> 及时采取补救措施

职工因拒绝性骚扰致使发生下列情形之一的，用人单位应及时采取补救措施：

· 被剥夺晋升机会的；

· 被取消参加培训、参评先进等享受奖励或者福利资格的；

· 被调换岗位或者工作地点、减薪、降级或者撤职的；

· 被扣发奖金、提成或者被罚款的；

· 被开除、辞退或者被迫辞职的；

· 因报复而影响职位和待遇的其他情形。

7 实践案例分析

案例1

某公司在员工手册中规定：

> 公司提倡互相信任的工作氛围，员工之间应该互相尊重对方人格尊严、宗教信仰和个人隐私，禁止任何形式的骚扰和造成胁迫性或敌对性工作环境的行为，应发扬团队合作精神，互相信任，积极进取；

> 公司内严禁以包括性骚扰在内的任何书面形式（如书信、网络、电子邮件和短信等）进行的骚扰行为；

> 公司内严禁侮辱性或歧视性言论；

> 公司内严禁对其他员工施加恐吓、暴力或强迫其他员工从事违法行为或者不履行其义务的行为；

> 公司内严禁其他伤害员工人格尊严的行为。

|**点评**| 该公司在员工行为规范中明确禁止职场暴力和性骚扰行为是非常重要的。除了禁止性规定，

还应向所有职工和管理人员发放相关材料，进行宣传教育和培训，使其了解各种形式的暴力和性骚扰是不能容忍的。要保证所有职工和管理者熟知在工作场所禁止暴力和性骚扰的规定，培养并推广举止得体的企业文化，以杜绝工作场所的暴力和性骚扰。

此外，性骚扰的处理有其特殊性，使用一般的申诉管理办法可能无法有效解决性骚扰问题。用人单位应建立保密的申诉和解决机制，保证职工遭遇暴力、性骚扰或报复时有投诉的权利；有解决投诉的部门 / 机构；由训练有素的工作人员处理职场暴力和性骚扰问题；保证性骚扰投诉能够有效、公正、秘密地处理；要给予实行骚扰者以足够的惩罚。

2018 年 12 月，最高人民法院在《民事案件案由规定》中增加了“性骚扰损害责任纠纷”这一新的案由。对于职场性骚扰行为，劳动者可以根据这一案由向人民法院提起诉讼。

2022 年修订的《妇女权益保障法》第二十三条规定，禁止违背妇女意愿，以言语、文字、图像、肢体行为等方式对其实施性骚扰。受害妇女可以向有关单位和国家机关投诉。接到投诉的有关单位和国家机关应当及时处理，并书面告知处理结果。受害妇女可以向公安机关报案，也可以向人民法院提起民事诉讼，依法请求行为人承担民事责任。

案例 2

某集团工会协助公司建立了《防治性骚扰制度》，将性骚扰举报中心设在集团工会女职工委员会，由 5 人组成，中心主任由工会女职工委员会主任担任。受理投诉机构具有以下职责：

（1）对举报进行调查。

（2）采取适当措施及时处理性骚扰行为，包括警告、停薪、调离原岗位、降级、停职、开除。

（3）要确保举报者不受同一人继续骚扰。

（4）要尽最大可能保守当事人的秘密。

（5）要确保举报者和证人不会受到报复。

集团工会女工部负责组织对所有职工进行防治

性骚扰培训，定期在厂报、厂内板报对防治性骚扰政策、投诉机构及职工和集团在防治性骚扰中的权利义务等内容进行宣传。

|点评| 该集团公司对预防和制止性骚扰有着较为完善的规章制度，并加强对职工的培训和宣传，以积极预防性骚扰行为的发生，而且建立了专门的受理投诉机构和惩罚措施。该集团工会在防治性骚扰方面发挥了重要作用，经验值得推广。

工会在防治性骚扰方面应采取的具体措施包括：

（1）与男女职工公开讨论性骚扰问题。

（2）使职工知晓性骚扰已经成为工作场所的性别歧视问题，帮助职工了解性骚扰的性质和范围。

（3）与用人单位管理层共同建立公正调查和处理性骚扰问题的机构。

（4）制定反对工作场所性骚扰的规章制度，包括界定工作场所性骚扰的范围和制定解决问题的程序。

（5）由工会和工会女职工委员会提倡和监督反性骚扰计划。

第5部分

促进工作场所性别平等检查清单

促进工作场所性别平等检查清单是为用人单位内部自查和工会组织进行监督提供参考标准，给用人单位在如何防止性别歧视并积极促进性别平等方面提供具体、明确的指导。检查清单包括基础检查清单和六个环节的检查清单，每个部分包含若干问题，用人单位需要在每个问题后勾选“是”“否”或者“不确定”。如果答案大多数为“是”，说明在性别平等方面做得很好。答案中为“否”或“不确定”的工作，用人单位需要采取措施加以改进。

现提供以企业为例的检查清单。

一 基础检查清单

您所在企业在制定性别平等制度方面是否做了以下工作	是	否	不确定
制定了促进性别平等的目标、策略和具体方案			
进行分性别统计，并且定期收集、分析和发布相关信息			
明确了负责促进性别平等的职责部门			
为促进性别平等工作配置了经费和人员			
企业促进性别平等制度的制定及监督实施有工会及职工代表的参与			
企业促进性别平等制度通过职代会审议			
工作中各环节的性别平等内容明确列入集体协商议题和集体合同			
与职工签订的劳动合同中不存在性别歧视内容			

续 表

您所在企业在制定性别平等制度方面是否做了以下工作	是	否	不确定
性别平等是企业与工会或职工代表讨论的一个常规问题			
向所有职工提供关于性别平等的信息和培训			
向职工解释清楚性别歧视是不允许的，并采取行动确保所有职工知晓			
有解决性别歧视的措施			
明确告知所有职工性别歧视投诉和处理性别歧视问题的渠道和程序			
能公正处理性别歧视投诉，同时保证相关人员（受害人、举报人、证人）不受迫害			
开展性别平等的自查和审计			

二 各环节检查清单

1 就业机会平等

您所在企业在保障就业机会平等方面是否做了以下工作	是	否	不确定
了解并执行我国禁止性别歧视、保障男女平等就业机会的法律法规，并通过企业规章制度加以落实			
在就业机会平等方面进行分性别统计			
对所有参与招聘的人员进行性别平等议题的培训			
禁止使用性别歧视的语言和图像对工作岗位进行描述			
除国家规定的不适合女性的工种或者岗位外，招聘广告中未要求限男性或男性优先，或者提高对女性求职者的要求			

续 表

您所在企业在保障就业机会平等方面是否做了以下工作	是	否	不确定
职位申请表的内容只包括与该职位相关的问题			
招聘广告通过男女都有机会获得相关信息的渠道发放到尽可能多的求职者手中			
给符合招聘条件的求职者平等的面试机会			
禁止在求职申请或面试过程中要求求职者提供或询问婚育情况或相关计划			
禁止对求职者的婚育计划做出口头上的要求或者在劳动合同中规定限制职工结婚、生育的内容			
明确在入职体检中不得进行妊娠测试			
在招聘过程中确保面试小组成员性别平衡			
对招聘结果进行评议和公示			
在返岗方面对男女职工平等对待			

续 表

您所在企业在保障就业机会平等方面是否做了以下工作	是	否	不确定
在解聘、裁员方面对男女职工平等对待			
在退休保障方面对男女职工平等对待			
对就业机会平等工作进行自查，并有工会的参与和监督			

2 职业发展机会平等

您所在企业在保障职工职业发展机会平等方面是否做了以下工作	是	否	不确定
制定了详细和明确的培训和晋升制度，并予以公开，让所有职工了解企业培训和晋升等职业发展机会			
对职工的职业发展情况进行分性别统计，发现问题后分析原因并及时采取措施进行调整			

续 表

您所在企业在保障职工职业发展机会平等方面是否做了以下工作	是	否	不确定
给男女职工提供平等的职业培训和其他有利于个人发展的机会			
确保男女职工都能参加对其职业发展至关重要的培训			
制订培训计划时考虑男女职工不同的培训需求			
男女职工代表能够参与到培训计划的制订中			
负责职工培训的工作人员接受了性别平等议题的培训，了解如何辨识出职工的培训需求和如何在培训问题上遵守平等原则			
能够灵活安排培训课程，确保各项培训的时间和地点安排有利于男女职工的平等参与			
在专业技术和管理 / 领导力等培训方案中制定了男女平等参与的目标或指标			

续 表

您所在企业在保障职工职业发展机会平等方面是否做了以下工作	是	否	不确定
培训计划具有灵活性和针对性，从而使男女职工掌握多种技能			
为因产假错过培训机会的女职工提供补充培训机会			
保证所有的选拔和提升制度公开、公平、公正，工会参与并监督这些程序			
为女职工提高领导力提供指导和支持，必要时采取措施提高各级领导层女性的比例			
在职工离职时通过面谈了解离职与性别歧视有无关系			
建立争议处理制度解决职业发展机会歧视问题，并确保职工知晓处理程序			
工会组织积极参与并监督企业培训和晋升工作，促进男女职工获得平等的职业发展机会			

3 薪酬待遇平等

您所在企业在保障薪酬待遇平等方面是否做了以下工作	是	否	不确定
将同工同酬明确写入企业规章制度			
将男女待遇平等明确列入集体合同和与职工的劳动合同			
工作种类划分和工资结构确定以客观标准为基础，而不与从事该工作的职工的性别相关			
工资标准、集体合同、工资和福利体系、工资计划、福利计划以及医疗计划中不包含性别歧视因素			
同样职务的男女职工的平均收入大致持平			
同样级别的男女职工的平均收入大致持平			
对男女职工实行相同的评级、分类和评估方法			

续 表

您所在企业在保障薪酬待遇平等方面是否做了以下工作	是	否	不确定
组织和开展培训活动，让企业管理者和相关工作人员了解职工工资支付应基于其所做工作的价值而不应与性别相关			
当发现男女薪酬待遇不平等现象时，有处理机制和程序，使职工能够就薪酬歧视提出投诉，并采取相应的补偿措施			
开展男女薪酬待遇平等方面的自查			
若企业存在不平等的工作分类或工资结构，管理层和受到影响的职工代表共同就同工同酬问题进行专门谈判			
工会组织监督企业平等薪酬待遇的情况，并参与处理薪酬待遇歧视的投诉和谈判			

④ 生育保护

您所在企业在生育保护方面是否做了以下工作	是	否	不确定
建立了女职工劳动保护制度			
将生育保护的内容纳入企业职业安全健康管理体系中			
将生育保护的内容纳入工会劳动保护监督检查员的工作职责中			
将生育保护的内容纳入本企业集体合同、劳动安全卫生专项集体合同或者女职工权益保护专项集体合同中			
向全体职工宣传有关生育保护的法律政策和规章制度			
提供适合男女职工职业安全健康方面的培训			
为男女职工提供合规、良好的安全卫生工作条件和劳动防护工具			
建立职工心理健康干预机制，特别关注女职工的生育焦虑和抑郁			

续 表

您所在企业在生育保护方面是否做了以下工作	是	否	不确定
将本单位属于职工禁忌从事的劳动范围的岗位书面告知职工			
能够为职工提供健康咨询、讲座、义诊等健康服务			
为女职工设置单独的、足够数量的卫生间和休息室			
定期为女职工进行妇科疾病及乳腺疾病的查治			
按性别分类建立职业健康档案			
与不适应目前工作的怀孕女职工协商同意，将其转到另一个同等报酬的工作岗位			
不安排怀孕 7 个月以上的女职工延长工作时间或夜间工作			
向孕期、哺乳期女职工提供弹性工作时间的选择			
将女职工产前检查时间视为劳动时间			

续 表

您所在企业在生育保护方面是否做了以下工作	是	否	不确定
为流产的女职工提供带薪假期			
依法为生育女职工提供产假			
为所有职工缴纳生育保险			
生育女职工能享受生育医疗费用待遇			
生育女职工能获得生育津贴			
如企业没有为女职工缴纳生育保险，生育女职工产假期间工资能得到保障			
如企业没有为女职工缴纳生育保险，能为生育女职工提供生育医疗费用			
为生育女职工提供生育延长假并保证其休假期间收入			
允许男职工休生育护理假			
保障男职工在生育护理假期间带薪			
没有安排哺乳期女职工延长工作时间或夜间劳动			
为哺乳期女职工提供带薪的哺乳时间			

续 表

您所在企业在生育保护方面是否做了以下工作	是	否	不确定
在工作场所内设置安全、卫生、私密的女职工哺乳场所			

5 为职工平衡工作和家庭责任提供支持

您所在企业在帮助职工平衡工作和家庭责任方面是否做了以下工作	是	否	不确定
制定了体现平衡工作和家庭责任的规定，并制定实施方案，确保方案实施			
将帮助职工平衡工作和家庭责任的措施纳入集体合同			
对职工在平衡工作和家庭责任方面的需求进行评估			
将上述需求评估的结果转化为具体的平衡工作和家庭责任的政策和实际措施			
向职工宣传企业相关规定，让职工知晓企业提供的相关福利和服务，并及时通知规定变化情况			

续 表

您所在企业在帮助职工平衡工作和家庭责任方面是否做了以下工作	是	否	不确定
提供灵活安排工作时间的选择			
提供远程办公的选择			
提供支持或培训，以帮助女职工休完产假返回工作岗位并胜任工作			
为女职工提供产假后逐步恢复工作的适应时间			
在需要职工异地调动工作时，考虑其配偶的工作安排及其子女的受教育可能性			
提供职工子女托幼服务（托儿所、幼儿园）			
提供职工子女托管服务（寒暑假及课后托管班等）			
允许职工紧急休假，以承担紧急照顾责任			
根据地方的规定和企业实际，为男女职工提供照顾子女的假期			

⑥ 预防和制止职场暴力和性骚扰

您所在企业在预防和制止职场暴力和性骚扰方面是否做了以下工作	是	否	不确定
规章制度包含对所有形式的职场暴力和性骚扰零容忍的表述			
规章制度中举例说明哪些是职场暴力和性骚扰行为			
宣传并确保所有管理层和职工都了解企业有关职场暴力和性骚扰的规定			
对全体职工进行预防和制止职场暴力和性骚扰的培训			
实行安保措施，例如配备安保人员和电子监视等有形基础设施，以预防和制止职场暴力和性骚扰			
职工遭遇职场暴力和性骚扰时有解决投诉的部门			
对职场暴力和性骚扰有明确的调查投诉的程序			
配备训练有素的工作人员处理职场暴力和性骚扰投诉			

续 表

您所在企业在预防和制止职场暴力和性骚扰方面是否做了以下工作	是	否	不确定
明确规定企业应为职场暴力和性骚扰投诉者保密			
有预防施暴者或骚扰者进行报复的措施			
明确规定对职场暴力和性骚扰的惩罚措施			
采取保护行动，改变工作分配，以使施暴者或性骚扰者与投诉人没有直接工作接触			
采取保护措施，在调查期间允许投诉人带薪休假			
工会组织参与并监督企业建立预防和制止职场暴力和性骚扰的制度和措施，并参与处理职场暴力和性骚扰的投诉			

修订说明

为深入学习贯彻习近平总书记关于工人阶级和工会工作、关于妇女工作的重要论述，贯彻落实《中国妇女发展纲要（2021—2030年）》，推动男女平等基本国策，全面维护女职工合法权益和特殊权益。2020年至2024年，全国总工会女职工部聚焦女职工权益维护的重点难点问题，策划出版了“情系女职工 法在你身边”丛书，不断提升女职工权益保护实效，在切实维护好女职工合法权益和特殊权益方面发挥了积极作用。

丛书包括《促进工作场所性别平等指导手册》《消除工作场所性骚扰指导手册》《女职工权益维护法律知识微手册》《女职工权益维护案例集》《建设家庭友好型工作场所指导手册》以及《建设家庭友好型工作场所优秀案例集》，以“法律护航女职工权益”为主线，通过案例解析与实务指引，揭示了《妇女权益保障法》《女职工劳动保护特别规定》等法律法规的现实意义。

为适应新时代工会女职工工作面临的新形势新要求，提升丛书内容的时效性、准确性与实用性，满足广大女职工工作者需求，我们对丛书进行了修订。开展丛书的编写和修订工作得到了多方的帮助和支持，感谢有关部门、各地方工会女职工组织、企业及专家提出的宝贵意见和建议。

由于时间、篇幅和经验所限，本书难免存在不足和疏漏之处，敬请读者批评指正。

全国总工会女职工部

2025年8月

图书在版编目（CIP）数据

促进工作场所性别平等指导手册 : 2025版 / 中华全国总工会编著. -- 北京 : 中国工人出版社, 2025. 5. -- ISBN 978-7-5008-8729-4

Ⅰ. D442-62

中国国家版本馆CIP数据核字第2025C0H263号

促进工作场所性别平等指导手册（2025版）

出 版 人	董　宽
责任编辑	赵晨羽
责任校对	张　彦
责任印制	栾征宇
出版发行	中国工人出版社
地　　址	北京市东城区鼓楼外大街45号　邮编：100120
网　　址	http://www.wp-china.com
电　　话	（010）62005043（总编室） （010）62005039（印制管理中心） （010）62382916（工会与劳动关系分社）
发行热线	（010）82029051　62383056
经　　销	各地书店
印　　刷	北京市密东印刷有限公司
开　　本	787毫米×1092毫米　1/32
印　　张	3.5
字　　数	52千字
版　　次	2025年9月第1版　2025年9月第1次印刷
定　　价	25.00元